Chiaroscuro

ALVARO TORRES CALDERON

Victoria L. McCard

Translator

Alvaro Torres-Calderón & Victoria L. McCard (translator)

ISBN: 978-1-940856-09-4
ISBN-13: 1940856094

Library of Congress Control Number: 978194085094

DEDICATION

To my lovely María José and my mother Soledad Cisneros Campoverde.
Their words allowed me to sail safely.

Contents

TRANSLATOR'S NOTE

My initial reading of the poems of Claroscuro triggered a wave of sensations in my brain. The poems set in Andalucía and Morocco recalled Federico García Lorca's gypsy poems that I had studied as an undergraduate and in the preparation of my doctoral dissertation. The poems about Cajamarca and nostalgia for the past brought memories of Doti and Guillermo Torres-Calderón, Álvaro's grandmother and father, both of whom had welcomed me into their homes as if I were a member of the family. "Enchanted Angel," which I had translated when Álvaro wrote it, reminded me of the fragility of life and our magnificent student whose tragic death had inspired it. These were poems that spoke to me on multiple levels, so when Álvaro asked me to translate the entire collection, I was happy to say yes.

The challenge in translating poetry is to capture, not only the content, but also the essence of the form. The poet weighs each word carefully, selecting it for its meaning and tone, but also for the unique way it combines with the words that surround it to comprise the images, sound and structure of each verse or stanza. Transmitting perfectly meaning and form- be it rhyme, cadence, alliteration, etc. – into a different language is an unattainable goal. The translator strives to convey the meaning and mood of the poem, while approximating as closely as possible the rhyme, rhythm, syntax, and other linguistic poetic devices of the original.

My goal of capturing both meaning and form was made a little less elusive because Álvaro assisted me in the editing of the final draft. We discussed over a nice Italian dinner the meanings of dubious words, unclear images and one or two cultural references that just did not translate well from Spanish into English. We pooled our knowledge of both languages and cultures and poetry to determine the definitive words and phrases to best communicate the experiences, the emotions (both light and dark) and the language that had been born of his journeys on three continents.

Alvaro Torres-Calderón & Victoria L. McCard (translator)

INTRODUCTION

Chiaroscuro is for me a mirror, a settling of accounts. In my poetry there are many grays, many intermediate zones that wrestle with my identity, with my "humerus bones," as Vallejo would say. The frontiers are my shadow, biculturalism, the conflictive richness of the bilingualism that illuminates my daily life. The rays of light of my childhood, the blackouts of Lima, the twilight that flashes in my transit towards other horizons. These poems are also renderings of mystery, ambiguity, rapprochements and remoteness, sweet and bitter moments, additions and subtractions, impossible combinations, mourning and jubilation, rage and sorrow. They are the necessary elements for preparing the coffee with cream that gets us into shape for struggling with the challenges of reality and fantasy. Chiaroscuro is, finally, a tailoring of the scraps of my recent experiences, of my bedazzlement by films like Scott Hick's Shine (1996), based on the life of Australian pianist David Helfgott. I make mine the light and the shadow that stand out in the life of the character. I cast to the wind a handful of emotions and images with the intention of clinging to the hope as well as the scorching reality of life (and death).

INTRODUCCIÓN

Claroscuro es para mí un espejo, un arreglo de cuentas. En mi poesía hay muchos grises, muchas zonas intermedias que lidian con mi identidad, con mis huesos húmeros, como diría Vallejo. Las fronteras son mi sombra, el biculturalismo, la riqueza conflictiva del bilingüismo que ilumina mi vida cotidiana. Los rayos de luz de mi infancia, los apagones limeños, los twilight que relampaguean en mi transcurrir hacia otros horizontes. Estos poemas también se traducen en misterio, ambigüedad, acercamientos y lejanías, momentos dulces y amargos, sumas y restas, combinaciones imposibles, duelos y júbilos, rabias y penas. Son elementos necesarios para preparar ese café con leche que nos entona para lidiar con los desafíos de la realidad y la fantasía. Claroscuro es finalmente una confección de retazos de mis experiencias recientes, de mi deslumbramiento ante películas como "Shine" (1996) de Scott Hicks basada en la vida del pianista australiano David Helfgott. La luz y la sombra que se enfatizan en la vida del personaje las hago mías. Lanzo al viento un manojo de emociones e imágenes con el intento de aferrarme a la esperanza y a su vez a la realidad calcinante de la vida (y de la muerte)

Alvaro Torres-Calderón & Victoria L. McCard (translator)

PART I

PARTE I

I travel to put a little of the road in me, a little of the road in you."
Las huestes, Andrea Cote

Alvaro Torres-Calderón & Victoria L. McCard (translator)

Gypsy Song

A gypsy song interpreted by my brother's
guitar and sorrowful rhythmic clapping
tear and rend the only garments I have left.

It shows traces of my past,
of which I still have fresh images and
although my memory persists in forgetting,
the silver-plated sorrow takes charge of
reminding me of it.

Destiny brought me here without asking me
and my condition obligates me to say yes
and take shelter until the next day.

The serenade did not let me sleep
and my lament in flames taught me
to love the nocturne of the day
and now I meld the strings:
my voice and the guitar before the altar of
magical inspiration.

The howling of the wolf and the red moon
mark the omen of torment
The sacrament will be in charge of
closing the gravestone for all eternity
and on one side the magical inspiration
will keep on singing from inside the
cave with a goblet and a dagger.

Only one chord remains, a unique and pleasant one.
The sound of my song that made the rose explode into pieces
and put a smile on my lips.

Cantar gitano

Un cantar gitano interpretado por la guitarra
de mi hermano y las palmas de dolor
desgarran y deshojan las únicas prendas que aún me quedan

Muestra huellas de mi pasado,
de las que aún mantengo frescas imágenes y
aunque mi memoria persiste en olvidar,
el dolor plateado se encarga de recordármelo.

El destino me trajo aquí sin que me lo pregunten
y mi condición me obliga a decir sí
y a cobijarme hasta el próximo día.

Las rondas no me dejaron dormir
y mi lamento en llamas me enseñó
a querer lo nocturno del día
y ahora fundo las cuerdas:
mi voz y la guitarra ante el altar del duende.

El aullido del lobo y la luna roja
marcan el presagio del tormento
El sacramento se encargará de
cerrar la lápida por los años
eternos y el duende a un costado
quedará cantando desde el interior
de la cueva con una copa y una daga.

Sólo queda un acorde, uno único y placentero.
El sonido de mi canción que hizo explotar la rosa en pedazos
y marcar una sonrisa en mis labios.

Nebulas of a Traveler

You live among broken fogs, black circles that get
      bigger
in every footstep with the sounding of puddles.

You write on the yellow nebula symbols of
      love and melancholy.

Forget about your dizzy spells and nostalgia, because you are a
      traveler of empty spaces
and your roots were food for vultures and your departure
      the rejoicing of hyenas.

Who did not spit their rage with stabbing pain
      from the center of their gut.
Who did not tear away the pages of innocence,
cursing the immaculateness of their soul.
To lost love belongs the lethargy on the other
side of the rainbow.

Bursts of laughter are heard from the silver star.

You stabbed out of spite the rose that carried you one day
      to the land of Eden.
You engraved your name on every petal so that no one
      would notice her.

Before, your hands took care of her, they praised her in that
      chapel in the country.
Your tears bathed her lovely bud,
your kisses welcomed her to the temple behind
      the hill.
You hoped that her roots would also grow.

Two sovereign seeds.
Dreams of a cathedral.
The bells were heard in the distance
and then they moved no more.
The anxious eye of blood
remained fixed at the hour of the shadows
Loneliness once necessary,
changed into a profane sensation

Nebulosas de un viajero

Vives entre nieblas rotas, círculos negros que se
        agrandan
en cada pisada con el sonar de los charcos.

Escribes sobre la nebulosa amarilla símbolos de
        amor y melancolía.

Olvídate de tus vahídos y nostalgias, porque eres un
        viajero de los espacios vacíos
y tus raíces fueron alimento de buitres y tu partida
        el regocijo de hienas.

Quién no escupió su rabia con el dolor punzante
        del centro de las entrañas.
Quién no arrancó las páginas de la inocencia,
        maldiciendo la pulcritud de su alma
Al amor perdido le corresponde el letargo al otro
        lado del arco iris.

Se escuchan las carcajadas del astro plateado.

Apuñalaste por despecho la rosa que te llevó un día
        a la tierra del Edén.
Grabaste tu nombre en cada pétalo para que nadie
        se fijara en ella.

Antes, tus manos la cuidaron, la alabaron en aquella
        ermita del campo.
Tus lágrimas bañaron su botón hermoso,
tus besos le dieron la bienvenida al templo detras de la
        colina.
Esperabas que sus raíces también echasen a crecer.

Dos semillas soberanas.
Sueños de catedral.
Las campanas se escucharon a lo lejos
y luego no se movieron más.
El ojo de sangre inquieto,
quedó fijo en la hora de las sombras
La soledad antes necesaria,
se convirtió en una sensación profana

that cannot paint itself with bubbles again.
There is nowhere for you to hide,
only an eternal journey that guarantees new boots..

que no puede pintarse otra vez de burbujas.
No hay donde esconderte,
sólo un viaje eterno que garantiza botas nuevas.

Foggara[1]

From Piamonte to Gibraltar I made a pilgrimage
to arrive at the labyrinth of the interminable dunes,
traveling in my dwarf car through the cities of
  aromatic smoke
and sighs that crown the orange afternoons
of their streets.

Their secrets are found submerged in the foggara
and my heart is recreated with the palm trees that
  greet you
with their long arms to give you a drink from the
  little
bar of fresh juices.
The messages arrive with the Berber who pastures his camels,
with the bricklayers kneading the adobe they will put in the sun.
The firewood passes slowly on the backs of the
  donkeys
and children run around with their hands extended.

I start thinking about that hardened old scholar
of the Koran who philosophized
accompanied by tobacco and whiskey.
For my kidney pains he used to tell me.

I sit down to write about the seven daggers
they sank into a camera thief who with
bloodied sobbing kept walking with steadiness and asking for a roll
of toilet paper.

Later I will see him again bluish
and yellow in the Marrakesh newspaper.

Exactly on the day the automatic lens stopped beating for a
  second,
a dried apricot was left in the middle of the desert.

My camera never appeared and is still
  awaiting my return.

---

[1] *subterranean water channels

Foggara[2]

Desde Piamonte hasta Gibraltar hice un peregrinaje
para llegar al laberinto de dunas interminables,
viajando en mi coche enano por las ciudades de
    saumerios
y susurros que coronan las tardes anaranjadas
de sus calles.

Sus secretos se encuentran sumergidos en la foggara
y mi corazón se recrea con las palmeras que te
    saludan
con sus largos brazos para darte de beber de su
    pequeño
bar de aguas frescas.
Los recados llegan con el bereber que apacienta
a sus camellos, con los albañiles amasando
el adobe que pondrán al sol.
La leña pasa lenta a cuestas de los lomos de los
    burros
y los niños corretean con las manos extentidas.

Me pongo a pensar en aquel viejo
estudioso empedernido del Corán que filosofaba
acompañado de tabaco y whisky.
Para los dolores de riñón me decía él.

Me siento a escribir sobre las siete dagas
a un ladrón de cámaras que se hundieron
con llanto ensangrentado y quedó andando con temple y pidiendo un rollo
de papel higiénico.

Más tarde lo volveré a ver azulado
y amarillo en el periódico de Marrakesh.

Justo el día en que la automática dejó de latir por un
    segundo,
un damasco quedó en medio del desierto.

Mi cámara nunca apareció y mi regreso sigue
    esperando.

---

[2] Canalizaciones de agua subterranea

Today on the shores of Marbella,
standing facing the other side of the deep blue
  pond,
the incandescent land finds me meditating on the
  days,
ripening the dates.

My ears await the signal from the water carriers, the
  minstrels
and the storytellers.

Hoy en las orillas de Marbella,
de pie hacia al otro lado del charquito azul
   profundo,
la tierra incandescente me encuentra meditando los
   días,
madurando los dátiles.

Mis oídos aguardan la señal de los aguateros, los
   juglares
y los narradores de cuentos.

Alvaro Torres-Calderón & Victoria L. McCard (translator)

A Friendly Knife

You get up loaded down with some pleasant dreams.
Those kisses that ran all over your body every
　night.
Little by little turned into knifes that
　plunged into your gut,
as you open your eyes.
And you ask yourself why the pain.

It is still early and your barely-worn sneakers look
　tired from the night before.
You just want to go out again; even if it is only to the square,
to breathe the cold perfumed dew of the morning.

A mouthful of air on the balcony and another from your
　drag of Winston,
a half-drunk coffee and once again you start
　walking down the street.

In your hands, a digital image-maker,
your finger on the button and its eyelid ready
waiting for the voracious shot.
A rose looks out, some birds cross the lens
and in front of me: he and she.

I could close my eyes and think that they are a waiter and
　his client,
arguing 'cordially' about the
exorbitant bill for the
croissant and coffee.

Oh, but those mouths welcoming each other…
he and she: here is your proof,
knifes in your gut mi amigo,
Ready…aim…flash!

Un amable cuchillo

Te levantas cargado de unos sueños placenteros.
Aquellos besos que recorrieron tu cuerpo todas las
noches.
Poco a poco se transformaron en cuchillos que
clavaron tus entrañas,
a medida que abres los ojos.
Y te preguntas porqué el dolor.

Es temprano aún y tus zapatillas intactas lucen
cansadas de la noche anterior.
Sólo quieres salir otra vez; aunque sea a la plaza,
para respirar el rocío frío perfumado de la mañana.

Una bocanada de aire en el balcón y otra de tu
pucho de Winston,
un cortado a medias y nuevamente te pones a
caminar por la calle.

En tus manos, una digital de imágenes,
el dedo en el botón y el párpado listo
esperando por el disparo voraz.
Una rosa se asoma, unos pájaros cruzan el lente
y ante mí: él y ella.

Podría cerrar los ojos y pensar que son un mesero y
su clienta,
discutiendo 'amablemente' por la cuenta exhorbitante del
croissant y el cafecito.

Ay, pero esas bocas dándose la bienvenida...
él y ella: he ahí tu prueba,
cuchillos en tus entrañas my friend,
Apunta ... listo ... ¡ flash!

Buenos Aires

Turns and spirals abound like
  paper
wind mills,
Cracked coral pink flint stones announce your
  arrival.

You broke the snail-shaped wave that mumbles
  hidden.
Pandemonium among the rocks
keeps the secrets of the willows
that grew on the shores of the river.
You rowed upstream and tamed the eddies

You broke the sea of the times
that are guardians of speculums and,
you carried your children with you;
particles of you recovered
after the songs of the god of the wind.
They are detailed verbs that recite your soul.

Upon departing again, you wounded their happy song
like a caress in the air.

And you composed for them a smile of anguish.
And you gave them an extensive road.
And you wove them a saint's blanket.

Much and little is what they have left.
Turns and spirals: enigmas of the checkerboard.
You are a storm.

Buenos Aires

Giros y espirales abundan como los molinos de
  papel,
pedernales chasquidos coralinos anuncian tu
  llegada.

Quebraste el mar del caracol que balbucea
  escondido.
Bataholas entre las peñas
guardan los secretos de los sauces
que crecieron a orillas del río.
Remaste a contraola, y domaste los remolinos

Rompiste al mar de los tiempos
que son guardianes de espéculos y,
llevaste contigo a tus hijos;
partículas tuyas recuperadas
luego de los cantares del dios del viento.
Son prolijos verbos que recitan tu alma.

Al partir de nuevo, llagaste su canto alegre
como una caricia en el aire.

Y les compusiste una sonrisa de angustia.
Y les regalaste un camino extenso.
Y les tejiste una manta de santo.

Mucho y poco les queda.
Giros y espirales: enigmas de los dameros.
Eres un temporal.

Alvaro Torres-Calderón & Victoria L. McCard (translator)

PART II
PARTE II

"It would be lovely to go through the streets with a green knife
and shouting until dying of cold."

Walking Around, Pablo Neruda

With Only Passing My fingers over the Photos

A few steps, a sepia feeling
were his entrance fee for penetrating the attic of
        youth.
The drought of embraces: his motivation for opening the
        trunk
that hid the inevitable answer.

The walls seemed fragile with each step
and the floor could open its hungry mouth;
but his desolation was greater than his fear.

Everyone has a dream and each one can run
forward or backwards, you can walk with
        bags or with suitcases.
It is only a question of fixing your eyes on the destination.
A soft hand directs his attention to the corners
        of his hideaways.

The walls seemed distorted
and the hungry floor opened its jaws of nails and
        wood.

His happiness arrived on pure white feet.
"You wake me up, you get me up, you hurry and I always
        need you,
be it tears, smoke of holy wood, you are still
carrying me
        and I always need you."
The angel saw something in his eyes and his smile of sunlight
        shined again.

Chiaroscuro

Con sólo pasar los dedos por las fotos

Unos pasos, un sentimiento sepia
eran sus monedas para penetrar el ático de la
        juventud.
La sequía de abrazos: su motivación para abrir el
        baúl
que escondía la inevitable respuesta.

Las paredes parecían frágiles en cada pisada
y el suelo podría abrir su boca hambrienta;
pero su desolación podía más que su miedo.

Todos tienen un sueño y cada uno puede correr
hacia adelante o hacia atrás, se puede andar con
        bolsas o con maletas.
Sólo se trata de fijar los ojos al punto de llegada.

Una mano suave lleva su atención por los rincones
        de sus escapes.

Las paredes parecían ahuevadas
y el suelo hambriento abría sus fauces de clavos y
        maderas.

Su felicidad llegó de piececitos blancos.
"Me despiertas, me levantas, te apuras y siempre te
        necesito,
fuera lágrimas, humo de palo santo, me sigues
        llevando y siempre te necesito."

El ángel vio algo en sus ojos y su sonrisa de sol
        volvió a brillar.

Caxamarca

The hand that caresses the hair,
Dad's approval for a job well done;
and the reward of a hot chocolate with marshmallows.

Memories of when I was nine invade the living room of
  Caxamarca,
they carry me to the tractor that we used with
  Dad's German friend.
Uncle Horst drove us around his farm: cows and
  horses,
thousands of roses and fresh yogurt.
Fruit birds fell from the sure shot
of the pellets of the silly and innocent young man.

Pastel memories, those of when I was sixteen,
colors that melt in the heat of the mind and
fuse with the aroma of alcohol from a party
and the sound of the blows from the broom of a grumpy grandmother.

Grapes and cane in their more industrialized version.
A thousand "Cienfuegos"[3] rolled in the darkness
of that improvised discotheque.
We were capable of the most elevated thoughts
but our philosophies were destroyed by blows from a broom.

The terrified escape and the pursuits of the
  supersonic grandma
were the emotional end of our memories of street parties.

---

[3] cheap Peruvian rum

Caxamarca

La mano que acaricia los cabellos,
la aprobación de papá de un buen trabajo;
y la recompensa de un chocolate con malvaviscos.

Los recuerdos de los nueve invaden la sala de
          Caxamarca,
me llevan al tractor que usábamos con el amigo
          alemán de papá.
El tío Horst nos paseaba por su fundo: vacas y
          caballos,
miles de rosas y yogurt fresco.
Los pájaros fruteros caían ante el tiro certero
de los balines del jovenzuelo tonto e inocente

Memorias de pastel, fueron las de los dieciséis,
colores que se deshacen en el calor de la mente y
se fusionan con el aroma del alcohol de una fiesta
al son de los escobazos de la abuela renegona.

Uvas y caña en su expresión más industrializada.
Mil "Cienfuegos" rodaron en la oscuridad
de aquella discoteca improvisada.
Eramos capaces de los pensamientos más elevados
pero nuestras filosofías fueron desbaratadas
a escobazos.

La huida despavorida y los correteos de la nona
          supersónica
fueron el emocionante final de nuestras memorias de botellón.

Secrets

I am the same as before…
but I did not realize it until now.

The years passed, the grooves of the record, the lines
      on my face, my sleepy irises.
I am the same one trapped on a pedestal of dragonflies and
      serpents and
my mouth cannot open your secret or mine.
Imprisoned they remain as the lava of a volcano
that inflates to the point of eruption,
like brains that explode at the shot of a bullet.
About to reveal themselves are the capricious
      diamonds,
like a glorious song of your imprisoned breasts.

Vertical and horizontal death are joined in the
equinox of your pale and cold smile.
The vestiges of our dreams wrap themselves up and
soften the white blanket of the current.

Breathe deeply and analyze your fantasy
breathe deeply and allow its substance to touch the bottom,
and suddenly you shatter yourself against the wall, a
      physiological collage on the wall.

Hit and pound until your lips
are no more than a poster trampled on the floor,
one more scrap of paper, one more original,
one more burned up
      man.

At the end of the third day, those lips get up
and show their wounds in front of a respectable audience
like an escargot in vinaigrette.

Confidencias

Soy el mismo de antes...
pero no me di cuenta hasta ahora.

Pasaron los años, las líneas del disco, los surcos de
        mi rostro, los iris dormidos.
Soy el mismo atrapado en un pedestal de libélulas y
        serpientes y
mi boca no puede abrir tu secreto ni el mío

Aprisionados se mantienen como la lava del volcán
que se infla a punto de reventar,
como los sesos que explotan al tiro de una bala.
A punto de revelarse están los diamantes
        caprichosos,
como un cantar glorioso de tus senos aprisionados.

La muerte vertical y la horizontal se juntan en el
        equinoccio de tu sonrisa pálida y fría.
Los caracoles de nuestros sueños se envuelven y
        ablandan la manta blanca de la corriente.

Respira profundo y analiza tu ensueño
respira hondo y deja que la sustancia toque fondo,
y de pronto te estrellas contra la pared, un collage
        fisiológico en la pared.

Hincar, hincar y machacar hasta que la boca
no sea más que un póster en el suelo pisoteado,
un papelucho más, un precedente más, un quemado
        más.

Al final del tercer día, se levanta aquella boca
y muestra sus heridas ante el público respetable
como un caracol avinagrado

Dead Nature

My fingers touch wounds that do not want to bleed.
The sound of drowsy flutes brings news of
    dead flesh,
the pain of the tears of the sea spreads
    between the walls,
the siren's voice no longer sings or soothes.

Crying is prohibited says the catalogue,
the tyrant with saw-like teeth controls the region and
it is impossible to direct one's gaze to the void
because that magic place does not even exist.

Do not be afraid to ask your eyelids for a break.

"A great rest is coming," the messengers
    announced
and you never learned that it already came and went because you were
    deaf after the forty year-long battle.

You never saw it because the sand storm
    blinded you and the locusts ate your
    eyes.

The siren no longer sings or soothes: you will obtain what
    you deserve for what you do.
Although you do not want to die, you are already dead,
    you no longer feel,
your sense of touch vanished when you beat down the green
    of the Amazon.

Where do you plan to go?
How do you even dare to write when you neither hear, nor see,
    nor feel?

Skin of a cigarette, voice of dead flesh,
finger nails of thorns and smell of urine, your body is
    a broken glass,
your cracked lips no longer speak.
They just mutter numbly the glorious days of
    the past.

Naturaleza muerta

Tocan mis dedos llagas que no quieren sangrar.
El sonido de flautas adormecidas traen noticias de
　　　carne muerta,
se esparce entre las paredes el dolor de las lágrimas
　　　del mar,
la voz de la sirena ya no canta ni arrulla.

Está prohibido llorar dice el catálogo,
el tirano con dientes de cierra domina la región y
resulta imposible dirigir la mirada al vacío
porque aquel mágico lugar ni siquiera existe.

No tengas miedo de pedirle minutos a tus parpados.

"Un gran descanso se aproxima," anunciaban los
　　　mensajeros
y nunca supiste que ya se fue porque quedaste sordo
　　　después de la batalla de los cuarenta años.

Nunca lo viste porque la tormenta de arena te
　　　enceguesió y las langostas se comieron tus
　　　ojos.

La sirena ya no canta ni arrulla: obtendrás lo que
　　　mereces por lo que haces.
Aunque no quieras morir, ya estás muerto, ya no te
　　　sientes,
tu tacto se esfumó cuando golpeaste al marañón
　　　verde.

¿Adónde piensas llegar?
¿Cómo te atreves siquiera a escribir si no oyes ni ves
　　　ni sientes?

Pellejo de cigarrillo, voz de carne muerta,
uñas de espinas y olor a orín, tu cuerpo es un vaso
　　　quebrado,
tus labios pispados ya no pronuncian.
Sólo balbucean entumecidos los días gloriosos de
　　　marzo.

Frozen cavern that guards pale pearls
I feel like dancing in circles around your
      body;
but my movements are clumsy and the dance
      abhors my extensive sound.

You are still there stretched out in pieces while the stone
      cathedral succumbs.
One by one its columns fall and
the lions have nowhere to sing their hymns of
      greatness.

The siren no longer sings or soothes:
Where can I find you?
Some say you sprouted legs and you are
      in Paris
looking for a light that went out thousands of years ago;
just a defiant flower, just a "Michelle" for
      posterity.

But you are hiding.
You are not at the bus stop or hanging from
      Big Ben's minute hand.
Who are you thinking about when the towers fall?
Who do you believe in when your brother shows you the dagger?

In the game of the soul the last cards were played.
Some are interred in the center of the earth
      with a key
and a secret combination.
Others were burned by the children wearing diapers and
      a tie.

Caverna helada que guarda perlas pálidas,
me apetece bailar en círculos alrededor de tu
        cuerpo;
pero mis movimientos son torpes y la danza
        aborrece mi sonido extenso.

Sigues ahí tendido en pedazos mientras la catedral de
        piedra sucumbe.
Una por una caen sus columnas y
los leones no tienen adónde cantar sus himnos de
        grandeza.

La sirena ya no canta ni arrulla:
¿Dónde te puedo encontrar?
Unos dicen que te salieron piernas y te encuentras
        en París
buscando una luz que se apagó hace miles de años;
sólo una flor desafiante, sólo un "Michelle" para la
        posteridad.

Pero te escondes.
No estás en la parada del autobús ni colgada del
        minutero del Big Ben.
¿En quién piensas cuando se caen las torres?
¿En quién crees cuando tu hermano te muestra la daga?

En el juego del alma se jugaron las últimas cartas.
Unas están sepultadas en el centro de la tierra con
        llave
y con combinación secreta.
Otras, fueron quemadas por los niños de pañalón y
        corbata.

So many skins passed by thousands of times and in our
      houses we burn life
or the magic button pumps first-rate hot air for us.
You are worth nothing with your furs and your trophies.

The siren is hiding and no longer sings to me:
Remember me as in those afternoons when we
      used to recognize each other and
the sea was an excuse that blessed our devotion.
Remember me with the sun that used to warmly kiss
      your new skin.

Forget me like the last time you saw me on the
      heavy shore,
a warm strawberry in my mouth and a salty crystal on
      my cheek.
Forget me like a feigned memory behind
      your ears.

When the sea returns and the Amazon once again
      nourishes
and the horizon is full of green and brown
      trees
its kiss like the one it gave you in the years of the
      talisman
will lift you up from inside the earth and you will once again be
      a demigod.

Tantas pieles pasaron miles de veces y en nuestras casas
     quemamos vida
o el botón mágico nos bombea aire caliente de
     primera.
No vales nada con tus pieles ni tus trofeos.

La sirena se esconde y no me canta ya:
Recuérdame como en aquellas tardes cuando nos
     reconocíamos y
el mar era una excusa que bendijo nuestra entrega.
Recuérdame con el sol que antes besaba
     calurosamente tu nueva piel.

Olvídame como la última vez que me viste en la
     orilla pesada,
una fresa cálida en mi boca y un cristal salado en
mis mejillas.
Olvídame como un recuerdo pretendido detrás de
     tus oídos.

Para cuando el mar regrese y el marañón vuelva a
     nutrir
y el horizonte esté plagado de mantas verdes y
     marrones,
un beso suyo como el que te dio en los años del
     talismán
te recogerá de entre la tierra y serás otra vez un semi
     dios.

Enchanted Angel

Your name reminds me of freedom and beauty.
       Cassandra, misunderstood prophet.
Angel of the snow and dew.
Your presence, it was sufficient to make us smile
Your smile tender, your giggle quiet,
       orange blossom water for the afflicted.
Your eyes of lively peace now belong exclusively to
       the breezes
Your silence is synonymous with understanding
Your word to the point: Wisdom
Wisely, intelligently Wisely.

My mind scours the remote places of your
       name
Cassandra, dreaming spirit
You were with us for twenty years and a little more
You lifted us in our spirits,
and your parents before anyone else;

You lifted those who knew you and those who didn't,
       too.
Those who knew you: our lives were
       touched by the magic light of your mirror
By the bewitching honey of your voice, by the freshness of
       your friendship.
For those who didn't know you: You rested the gaze of an
       angel on their eyes
A portrait of you painted to awaken them from
       lethargy.
Enchanted angel, you finished your mission
       in these parts
You left us captivated and hanging by a thread of
       memory
A strong silver thread that curls up with the
       sighing of the moon.
You leave us enjoying the little gigantic things
       you shared with us
You left us the example of your wisdom and dedication,
of your cheerful joy, of your sad joy.

Ángel hechizado

Tu nombre me recuerda la libertad y la belleza:
    Cassandra, profeta incomprendida.
Ángel de la nieve y el rocío.
Tu presencia, era suficiente para volver a sonreír
Tu sonrisa tierna, tu risita de murmullo, agua de
    azahar para el afligido.
Tus ojos de viva paz son ahora exclusividad de los
    aires
Tu silencio es sinónimo de sabiduría
Tu palabra acertada: Prudencia
Wisely, sabiamente Wisely

Mi mente recorre los lugares remotos de tu
    nombre,
Cassandra, espíritu soñador.
Estuviste con nosotros veinte años y un poco más
Nos elevaste en nuestro espíritu,
y a tus padres antes que a nadie;

Elevaste a los que te conocieron y a los que no,
    también.
A los que te conocieron: nuestras vidas fueron
    tocadas por la mágica luz de tu espejo
Por la hechizante miel de tu voz, por la frescura de
    tu amistad.
A los que no te conocieron: Posaste una mirada de
    ángel en sus ojos
Un retrato tuyo depositado para despertarlos del
    sopor.

Ángel hechizado, terminaste tu misión por estos
    campos
Nos dejaste cautivados y prendidos a un hilo de la
    memoria
Un hilo fuerte de plata que se acurruca con el
    susurro de la luna.
Nos dejas gozando las pequeñas gigantes cosas que
    compartiste con nosotros
Nos dejaste el ejemplo de tu juicio y dedicación,
de tu alegría risueña, de tu alegría triste.

We are comforted dreaming of the essential energy of the
        windows of your heart
in spite of the fragility of your form.
You left us the example of smiling in the face of this
        treacherous life,
And making fun of our eternal friend Mortality who
        accompanies us.
You stuck butterflies and flowers on the walls of this
        galloping life.
Smile and laugh, Cassandra! Laugh and smile!

Incomprehension bewilders me, the tears are
        building a wall in my throat,
my humanness prevents me from understanding that now
        you shine brighter than ever,
that you are fully alive.

Before, they were only small moments of life.
You crossed the frontier and you stayed on the other side.
Spread your wings now!
Make yourself comfortable in your easy chair and keep an eye on us.

Nos reconforta soñar con la energía interior de las
        ventanas de tu corazón
pese a la fragilidad de tu figura.

Nos dejaste ejemplo de sonreírle a esta vida
        traicionera,
Y burlarnos de nuestra eterna amiga calavera que
        nos acompaña.
Pegaste mariposas y flores a las paredes de esta vida
        galopante.
¡Sonríe y ríe Cassandra! ¡Ríe y sonríe!

La incomprensión me aturde, las lágrimas
        construyen una tapia en mi garganta,
mi humanidad me impide comprender que ahora
        brillas más que nunca,
que vives plenamente.

Antes sólo fueron pequeños momentos de vida.
Pasaste la frontera y te quedaste ahí,
¡Desprende ahora tus alas!
Acomódate en tu sillón y vigílanos.

Prayer for a Poet

Please, leave the poet in peace
when he eats fruit in his corner or
he plays pranks in the air.

The wizard is doing us a favor because he already saw in the
        glass
when we ascend and descend from the podium.

This is how the celestial balance is established:
this long-necked fakir goes down and burns his feet
        in the coals,
this balcony acrobat jumps and is suspended from
        the stars.
He can walk around in white or black, with a halo or with
        horns;
even though it is not Halloween.
He carries the keys to the universe and feeds on water,
        earth fire and wind

He is the quintessence of those who wait,
and upon arriving they throw him off the cliff.
They make him look like he is deranged,
but the wise one pretends that they are normal

He stretches his finger to the wind to be able to see,
he opens his mouth to let leeches and salamanders
        escape;
or with his heart open he works giving away flowers and
        little green pastries.
When his blood boils he launches firebombs and
incandescent vomit pools of critical lava.

Everything permeates him and everything dishevels him
Everything gets him back inside his head to put together his
        Plan B

Oración por un poeta

Por favor, déjenlo en paz al poeta
cuando come fruta en su rincón o
está haciendo travesuras en el aire.

El mago nos hace un favor: porque ya vio en el
cristal
cuándo subimos y bajamos de la tarima.

Así se establece el balance celestial:
este faquir de cuello largo baja y se quema los pies
en el carbón,
este acróbata de balcones salta y llega a colgarse de
las estrellas.

Puede andar de blanco o de negro, con aura o con
cuernos;
aunque no sea Halloween.
Lleva las llaves del universo y se alimenta de agua,
tierra fuego y viento

Es la quintaesencia de los que esperan,
y al llegar lo tiran por el despeñadero.
Lo hacen ver como enajenado,
pero el sabio pretende que son normales

Estira su dedo al viento para poder ver,
abre su boca para dejar escapar sabandijas y
salamandras;
o con el corazón abierto se dedica a regalar flores y
pastelitos verdes.
Cuando la sangre hierve lanza bombas de fuego y
vómitos incandescentes de lava crítica.

Todo lo impregna y todo lo desaliña
todo lo "vuelve de cabeza" para armarlo con su plan
"B"

The prophet is misunderstood when he does not bring his
    manual,
but at the same time they call him when they sing or look at the
    sky.

The man knows what he is doing.

El profeta es incomprendido cuando no trae su
      manual,
pero a la vez lo llaman cuando cantan o miran al
      cielo.

El man sabe lo que hace.

Chiaroscuro

ABOUT THE AUTHOR

Alvaro Torres-Calderón was born in Lima, Perú on April 18th, 1975. He received his degree in Law and Political Sciences at the Universidad de Lima. He went on to earn a M.A. degree in Romance Languages from The University of Memphis and a Doctorate in Spanish from Florida State University. His specialization is 19th and 20th Century Latin American Literature. He is Associate Professor of Spanish at the University of North Georgia. His publications include: "Alejo Carpentier y el Hombre Fronterizo: Una Constante en el Reino de Este Mundo" for the book Alejo Carpentier ante la crítica. Caracas, Monte Avila. 2005. He has contributed the article "Nación, Identidad y Frontera en la Prosa de Clorinda Matto de Turner" to the Peruvian Literary Journal Tinta Expresa His book of poems, Claroscuro, was published in Lima, Línea Andina. 2010. He also published several poems for the Stonepile Writers' Anthologies Volumes 1, 2 and 3 from the University Press of North Georgia. He was a guest writer for the Miami digital literary and art journal Sub-Urbano from August 2013 until February 2014, and contributed several poems or guest readings to the blogs Arcos de Reflejos, Con Tinta and The Cossack Review respectively. His interests include translations, music, film, theater, cuisine, integration law, Latin- American and Spanish female writers, José Martí, and Latin American civilization.

SOBRE EL AUTOR

Alvaro Torres Calderón nació en Lima-Perú el 18 de abril de 1975. Obtuvo su título en Derecho y Ciencias Políticas en la Universidad de Lima, Perú. Asistió a la Universidad de Memphis, Tennessee en la que se graduó con una maestría en Lenguas Romances con concentración en español. Se doctoró en Literatura latinoamericana de los siglos XIX y XX en Florida State University. Actualmente es Profesor Asociado del Departamento de Español de University of North Georgia en los Estados Unidos. Ha participado en la publicación del libro Alejo Carpentier ante la crítica, Caracas: Monte Avila 2005, conmemorando la obra del escritor cubano con el artículo "Alejo Carpentier y el hombre fronterizo: una constante en el Reino de este mundo." Ha contribuido para la revista literaria peruana Tinta Expresa con el artículo "Nación, Identidad y Frontera en la Prosa de Clorinda Matto de Turner." También ha publicado el poemario Claroscuro, Lima, Perú. Septiembre 2010. Colabora con la publicación de poemas en inglés para Stonepile Writer's Anthology en sus diferentes volúmenes impresos en la casa editorial de University of North Georgia Press. Ha sido escritor invitado para la revista cultural digital Sub-Urbano desde agosto del 2013 hasta febrero del 2014. Tiene contribuciones con poemas o lecturas invitadas para los blogs Arcos de Reflejos, Con Tinta y The Cossack Review respectivamente. Sus intereses incluyen traducciones, música, cine, teatro, artes culinarias, derecho integracional, escritoras latinoamericanas y españolas, José Martí y civilización latinoamericana.with several poems or guest readings for the blogs Arcos de Reflejos, Con Tinta and The Cossack Review respectively. His interests include Translations, Music, Film, Theater, Cuisine, Integration Law, Latin-American and Spanish female writers, José Martí, and Latin American civilization.

ABOUT THE TRANSLATOR

Victoria L. McCard is from Atlanta, Georgia. She obtained her Ph.D. in Spanish from Emory University. She is Professor of Spanish at the University of North Georgia, specializing in contemporary Latin American literature. She has published articles on the subaltern in Julio Cortázar, Pablo Neruda's banquet, literary depictions of soldaderas of the Mexican Revolution, the double life of the jinetera in Daína Chaviano and approaches to authority in the stories of Nancy Alonso. She collaborated on Havana is a Really Big City, an English language collection of the stories of Mirta Yáñez; and on the Spanish translation of the proceedings of conference, Culturally La Florida: Spain's New World Legacy. She is currently examining the depiction of Chilean saltpeter mining operations in the novels of Hernán Rivera Letelier.

SOBRE LA TRADUCTORA

Victoria L. McCard es de Atlanta, Georgia. Se graduó de Emory University con el doctorado en español. Es Profesora de Español en la University of North Georgia, especializada en la literatura latinoamericana contemporánea. Ha publicado artículos sobre el subalterno en la obra de Julio Cortázar, el banquete de Pablo Neruda, la representación literaria de las soldaderas de la Revolución Mexicana, la doble vida de la jinetera en Daína Chaviano y las aproximaciones a la autoridad en los cuentos de Nancy Alonso. Colaboró en Havana is a Really Big City, una colección en lengua inglesa de los cuentos de Mirta Yáñez; y en la traducción española de las ponencias del congreso, Culturally La Florida: Spain's New World Legacy. Actualmente, examina la representación de las oficinas salitreras chilenas en las novelas de Hernán Rivera Letelier.

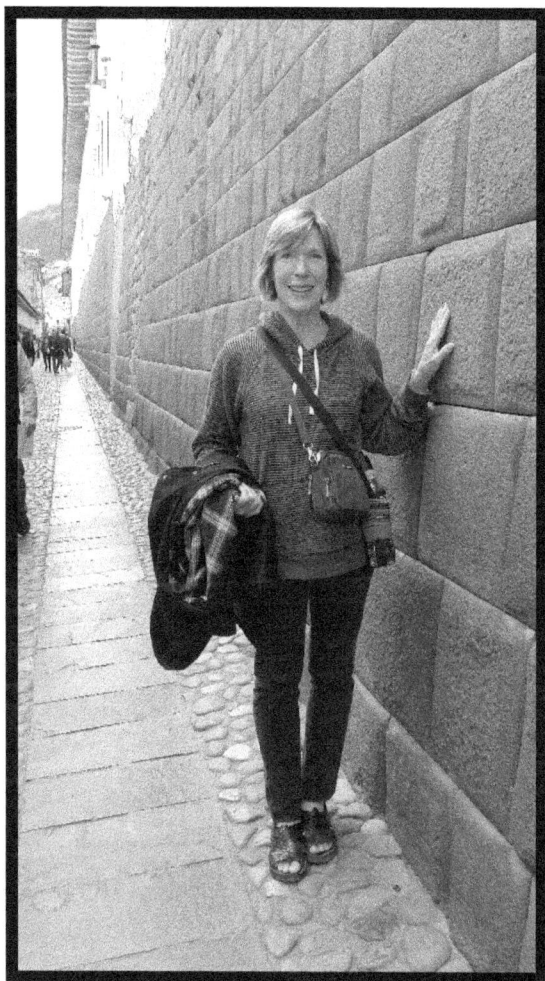

Alvaro Torres-Calderón & Victoria L. McCard (translator)

PUBLISHER

Pandora lobo estepario Productions
http://www.loboestepario.com/press
Chicago

Cover photograph
Miguel López Lemus©

Model
Sarah Wiener

www.ingramcontent.com/pod-product-compliance
Lightning Source LLC
Chambersburg PA
CBHW022342040426
42449CB00006B/680